RELATION

DU

SÉJOUR DU ROI

A LILLE.

RELATION

DU

SÉJOUR DU ROI

A Lille,

DÉPARTEMENT DU NORD.

Les 7 et 8 Septembre 1827.

IMPRIMERIE DE REBOUX-LEROY, A LILLE.

RELATION

DU SÉJOUR DU ROI A LILLE,

LES 7 ET 8 SEPTEMBRE 1827.

LE voyage de Sa Majesté dans ses fidèles départemens du Nord et du Pas-de-Calais est un de ces événemens importans, une de ces époques de bonheur dont le souvenir, pour être transmis des pères aux enfans, n'aurait pas besoin d'autres secours que celui des sentimens unanimes qu'il a fait naître. Mais si les principaux traits de ce voyage sont dans tous les cœurs, il est une foule de circonstances intéressantes, moins connues, même dans les lieux qui en ont été les témoins. Les laisser tomber dans l'oubli serait faire un vol à l'histoire, qui se plaît à recueillir le moindre mot échappé du cœur des Bourbons. Ce serait dérober à la France une de ses plus douces jouissances que de lui céler un seul des témoignages d'amour dont la personne sacrée du Monarque s'est vue environnée pendant son voyage.

Cette considération a déterminé plusieurs écrivains à offrir au public le tableau complet de ce voyage mémorable. Pour nous, resserrant notre cadre à ce qui s'est passé à Lille, nous croyons satisfaire plus particulièrement le vœu de nos Concitoyens.

Il ne sera pas inutile d'observer que les documens qui nous ont été communiqués l'ayant été également à l'auteur de la relation du voyage du Roi à Saint-Omer, notre récit et le sien devront nécessairement se ressembler dans quelques parties sans qu'on puisse nous accuser de plagiat.

L'on savait déjà que le Roi honorerait cette année de sa présence le camp de Saint-Omer ; mais on ignorait encore l'itinéraire de Sa Majesté, lorsque, après les travaux de la session législative, elle daigna annoncer elle-même à M. le Comte de Muyssart, Maire de Lille et Député du Nord, qu'elle passerait certainement par cette ville, en se rendant à Saint-Omer. Les expressions pleines de bonté qui accompagnèrent cette assurance, et que M. le Maire, à son retour, s'empressa de faire connaître à ses administrés, pénétrèrent tous les cœurs de reconnaissance et les remplirent du désir de se rendre dignes d'une faveur si précieuse en contribuant à rehausser l'éclat de cette grande solennité.

Des ordres, émanés du ministère de l'intérieur et transmis au Maire par M. le Préfet du département du Nord, ayant fait connaître que le départ du Roi était fixé au 3 septembre; que Sa Majesté arriverait à Lille le 7, y séjournerait le 8 et en repartirait le 9 pour Saint-Omer, M. le Comte de Muyssart fit publier et afficher la proclamation suivante :

« Habitans de Lille,

« Notre attente sera bientôt remplie, c'est le sept du mois prochain que nous contemplerons les traits augustes et chéris de notre glorieux Monarque et que nous entourerons sa personne sacrée de nos hommages et de notre amour. L'héritier de tant de Rois, le père des Français vient visiter une partie de la grande famille et cédant à nos vœux empressés, il daignera s'arrêter deux jours parmi nous.

« C'est à la bienveillance, à l'affection toute particulière que le Roi veut bien nous accorder, et dont j'ai recueilli l'expression de la bouche même de Sa Majesté que nous devons cette honorable distinction. Nous l'avons aussi méritée par notre dévouement à nos Souverains légitimes.

« Rappelez-vous, Lillois, ces jours funestes, où la restauration dût céder pour un moment à la révolte; où le Monarque désiré que le Ciel venait de rendre à nos vœux se vit obligé pour la seconde fois de chercher un asile dans une terre étrangère; alors vous vous serrez auprès de ce Roi malheureux; vous mettez aux mains de vos enfans des armes pour le défendre; vous faites les plus généreux efforts pour le garder parmi vous, et c'est en le baignant de vos larmes que, sujets soumis, vous vous résignez à la douleur de le voir s'éloigner de vos remparts.

» Cette conduite vous mérita l'estime de l'Europe entière qui se plût à retrouver en vous le noble caractère de vos ancêtres. A toutes les époques de notre histoire, ils furent comme vous les sujets les plus fidèles à leurs Souverains et le plus sûr boulevard de la patrie.

» Le sentiment qui vous animait n'ambitionnait aucune récompense ; mais vous la reçûtes par l'accroissement progressif de la prospérité de cette ville. Voyez-en les effets.

» Depuis douze ans votre population s'est augmentée de près de 20 mille âmes. Votre industrie s'est considérablement agrandie : elle a placé votre cité au nombre des premières villes manufacturières et l'enceinte de vos murs est devenue trop étroite pour contenir les nombreuses fabriques qui s'y élèvent chaque jour. Quelques années ont suffi sous un Gouvernement paternel pour vous faire parvenir à ce haut dégré de prospérité ; et si des circonstances, qui pesèrent bien moins sur vous que sur tout le reste du commerce européen, ont pu vous atteindre momentanément, tout annonce pour vos fabriques l'aurore d'un heureux avenir. Déjà leur activité renaissante se dispose à prendre un nouvel essor dont l'arrivée de Sa Majesté semble devoir être l'heureux signal.

» Livrons-nous donc à la joie que va nous inspirer la présence de notre Monarque bien-aimé. Prodiguons les témoignages de notre amour au descendant de Louis XIV, du grand Roi à qui nous devons d'être Français. Ornons de fleurs et de verdure les façades de nos maisons; arborons-y le drapeau sans tache, symbole de notre fidélité; que partout sur son passage il trouve dans l'effusion de nos cœurs l'hommage le plus agréable à un Prince qui ne respire que pour le bonheur de son peuple; et que de toutes parts l'air retentisse de ce cri français, mille fois répété : VIVE LE ROI !

Lille, le 10 août 1827.

Signé le Comte DE MUYSSART. »

Quelques jours après cette publication M. le Maire annonça par un nouvel avis que la faveur de posséder le Roi dans nos murs n'était pas la seule dont nous dussions nous glorifier : que S. A. R. Monseigneur le Dauphin daignerait aussi nous honorer de sa présence et venir rejoindre à Lille son auguste père le 8 du mois de septembre : « Ainsi, ajoutait-il,
» après avoir offert au Roi, le tribut de
» notre amour et de nos hommages, nous
» saluerons de nos acclamations le Fils
» de France, le Prince chéri dont les
» vertus et le noble caractère ont su
» conquérir tous les cœurs. »

L'administration municipale s'occupait en même-tems des préparatifs nécessaires pour célébrer dignement l'arrivée du Roi et faire participer toutes les classes d'habitans à la joie que devait inspirer cette heureuse circonstance. Elle prenait un arrêté dont les principales dispositions étaient :

1.º une distribution de 30,000 kilog. de pain, 6,000 litres de vin, 18,000 litres de bière et 5,000 francs en argent, le tout réparti entre 20,000 indigens.

2.º L'érection d'une tente triomphale hors de la barrière de la porte de Paris.

3.º La restauration du magnifique arc de triomphe de cette même porte, élevé à la gloire de Louis XIV.

4.º Le *sablement* des rues depuis la porte de Paris jusqu'au Palais (l'Hôtel de la Préfecture choisi par le Roi pour son logement), et depuis le palais jusqu'à la porte de Dunkerque.

5.º L'invitation à tous les habitans des rues, situées sur le passage de Sa Majesté, d'arborer le drapeau blanc aux façades de leurs maisons et de les orner de fleurs et de feuillages.

6.º Un appel à toutes les compagnies de musique, d'archers et d'arbalétriers, tant du département du Nord que des départemens voisins, à l'honneur d'assister à la réception du Roi dans Lille. Des médailles étaient offertes à toutes celles de ces compagnies qui se rendraient à cette invitation, indépendamment des médailles particulières à décerner pour la belle tenue et pour l'éloignement.

7.º La sonnerie des cloches de toutes les paroisses au moment de l'entrée du Roi dans nos remparts.

8.º Un feu d'artifice tiré sur la place de Saint-André, qui pût être vu par le Roi sans sortir de son Palais, au moyen d'un balcon construit en charpente en avant d'une des ailes de cet édifice.

9.º L'illumination générale de la ville.

10.º Des bals publics sur les places de Saint-Martin, de Saint-André et de la Housse.

11.º Un tir à l'arc sur la Plaine, pour lequel il était offert quinze prix, et deux autres tirs, l'un à la grande, l'autre à la petite arbalète, pour chacun desquels il était réservé trois prix.

12.º Un bal offert le 7 à Sa Majesté dans la salle du Concert.

13.º Un spectacle, également offert au Roi, le 8 septembre.

Enfin, le 25 août, une nouvelle affiche annonça au public que le Roi, pendant son séjour à Lille verrait avec intérêt les produits des fabriques de l'arrondissement; qu'en conséquence, il serait ouvert, dans l'Hôtel de ville, une salle d'exposition où seraient réunis tous les produits industriels envoyés par les fabricans de Lille et de l'arrondissement jusqu'au 4 septembre exclusivement; que des médailles d'argent et de bronze, frappées pour perpétuer le souvenir de la présence du Roi dans cette ville, seraient accordées aux fabricans qui auraient envoyé les produits les plus remarquables; que, pendant huit jours après le départ de Sa Majesté, la salle d'exposition serait ouverte au public.

Toutes ces dispositions préliminaires

étant arrêtées on ne s'occupa plus que du soin d'en assurer l'exécution. Tous les habitans, animés du meilleur esprit, faisaient à l'envi preuve de zèle ; mais pour régulariser les travaux et obtenir dans toutes leurs parties l'ordre et l'ensemble nécessaires, M. le Maire jugea convenable de nommer sous sa présidence une commission composée de MM. Debasserode, De Renty, Dubosquiel (Albert), Rouvroy de la Mairie, Revoire, D'Ennevelin, Legrand, De Murat fils, De Buus, Bonnier-D'Ennequin, Brame (Joseph), D'Hespel, Dubois, Menche, Beaussier, Fouan, Barrois, Fruict-D'Esparcq, Defontaine, Flament, Danel (Léonard), Carpentier-Leperre, Barbier-Delasserre, Bigo, De Waresquiel, Dumaisniel, Rouzé (Théodore).

Cette commission se divisa en deux sections dont l'une se chargea de tous les détails concernant le bal, et l'autre de ceux relatifs au spectacle. L'on ne saurait donner trop d'éloges à la manière dont MM. les Commissaires remplirent la mission qui leur était confiée. Les soins les plus parfaits, le zèle le plus ardent, l'urbanité la plus aimable, voilà ce que chacun a pu trouver en eux et ce qu'il est juste de consigner ici.

A l'approche du jour si impatiemment attendu, notre ville prit un aspect nouveau, fait pour intéresser vivement un observateur. De toutes parts on se hâtait, pour les préparatifs publics et particuliers. Les ouvriers, fiers de leurs travaux, semblaient dire avec orgueil : C'est pour le Roi ! La foule empressée visitait la porte de Paris, l'arc de triomphe et le palais. Elle se montrait avide de jouir de la présence de son Souverain et, tandis qu'elle se plaisait à considérer les embellissemens et les accessoires de la fête, l'élite de nos concitoyens revêtait l'uniforme militaire et armait ses bras industrieux comme pour montrer au Roi qu'il trouvera toujours chez nous ses plus fidèles défenseurs.

Le 31 août, les compagnies de Grenadiers et de Chasseurs de la Garde nationale, le corps des Canonniers sédentaires, celui des Sapeurs - Pompiers et l'escadron de Garde à cheval, tous appelés à faire le service auprès de Sa Majesté, se réunirent sur l'Esplanade pour passer la revue de M. le Préfet. A huit heures du matin, M. le Comte de Murat arriva, accompagné de M. le Maire. Après que M. le Préfet eût passé la revue de détail, en parcourant tous les rangs, les troupes se formèrent en carré et alors M. le Comte de Murat, étant remonté à cheval, leur adressa les paroles suivantes :

MESSIEURS,

« Je dois des éloges à votre belle tenue et j'éprouve une vive satisfaction à vous voir aujourd'hui réunis.

» L'objet de cette réunion, Messieurs, est la plus grande solennité qui puisse illustrer votre vie : c'est la présence du Roi qui vous appelle ; c'est le service de sa personne sacrée qui vous attend!

» Anciens Grenadiers, et Chasseurs, jeunes Gardes d'honneur, Canonniers de 1482, Sapeurs-Pompiers, écoutez avec confiance la voix de celui qui vous parle avec affection ! Devenu votre concitoyen par un séjour de plusieurs années et bien plus encore par mes sentimens, je serai heureux et fier de vous mettre sous les yeux de Sa Majesté.

» Braves Lillois, dans cette mémorable circonstance, observez la plus sévère discipline, et rivalisez tous de zèle et d'amour pour le meilleur des Rois ; pour le père des Français. VIVE LE ROI ! »

Ces paroles profondément senties, et prononcées énergiquement, retentirent dans tous les cœurs qui répondirent à cet appel par des cris unanimes et prolongés de VIVE LE ROI !

La troupe se forma ensuite en colonne et défila par sections devant M. le Préfet et M. le Maire (1).

---

(1) Cette Garde d'honneur, aussi nombreuse que brillante, était composée ainsi qu'il suit :

M.r Brame, Chevalier de Saint-Louis et Officier de la Légion-d'Honneur, Colonel de la Garde national, Commandant en chef.

M.r Castain, Chevalier de la Légion-d'Honneur, Major de la Garde nationale.

M.r Barrois, Député du Nord, Chevalier de la Légion-d'Honneur, et chef du 1.er bataillon de la Garde nationale.

M.r Fouan, Chevalier de Saint-Louis et de la Légion-d'Honneur, chef du 2.e bataillon de ladite Garde.

Une compagnie de Grenadiers commandée par M. Fremaux, capitaine, et composée de 81 Officiers, Sous-Officiers, Caporaux et Grenadiers.

Une compagnie de Voltigeurs commandée par M. Salembier, Capitaine, et composée de 76 Officiers, Sous-Officiers, Caporaux et Voltigeurs.

Enfin le 7 septembre arriva et, dès le matin, toute la population de la ville, accrue par une multitude prodigieuse

---

Musiciens, Sapeurs et Tambours de la Garde nationale.

Le corps des Canonniers sédentaires formant deux compagnies actives, commandées par MM. Leclercq, et De Buus, Capitaines, et composées de 120 Officiers, Sous-Officiers, Caporaux et Canonniers; plus une compagnie de Canonniers vétérans, sous les ordres de M. Goudeman, Capitaine, et composée de 51 hommes.

Musiciens, Tambours et Sapeurs de ce corps.

Le corps des Sapeurs-Pompiers, commandé par M. Leplus, Chevalier de la Légion-d'Honneur, Chef de bataillon, et composé de trois compagnies sous les ordres de MM. Bottin, Desplanques et Duchauffour, formant un total de 229 hommes.

Musiciens, Sapeurs et Tambours attachés à ce corps.

M. Delafonteyne, Chevalier de la Légion-d'Honneur, Chef d'escadron, Commandant la Garde nationale à cheval.

M. Dathis, Lieutenant, 33 Officiers, Sous-Officiers, Brigadiers et Gardes nationaux.

d'étrangers, se porta vers les points les plus favorables pour jouir de la vue du Monarque chéri. De moment en moment on voyait arriver ces confréries d'archers et d'arbalétriers, restes antiques des mœurs de nos ayeux. Elles venaient, enseignes déployées et précédées de leurs fifres et tambours, se former en haie sur le passage du Roi. Parmi ces sociétés on distingua surtout celle de Comines dont le costume était d'une élégance remarquable. A sa suite marchaient beaucoup d'autres confréries appartenant aux différentes communes du canton de Quesnoy. Ce cortége nombreux était précédé de la société de musique de Comines dans une fort belle tenue. Des sociétés de musique non moins belles venues de Tourcoing, de Roubaix, de La Bassée, d'Haubourdin, donnaient à cette fête un nouvel éclat, et l'empressement qu'elles avaient mis à s'y rendre offrait un témoignage assuré de l'unanimité des sentimens qui animent les habitans du département du Nord.

Tous les corps étaient déjà à leurs postes respectifs, lorsque vers onze heures du matin, on vit arriver LL. EExc. les Ministres de la guerre et de l'intérieur. M. le Préfet du département qui était aussi revenu dans la matinée monta à cheval pour se porter au devant de Sa Majesté.

L'arrivée du Roi était annoncée pour midi. Ce Monarque, modèle de grâce et d'amabilité, qui sait si bien mettre en pratique cet axiome de son auguste frère que *l'exactitude est la politesse des Rois*, se trouva à l'heure précise à l'entrée du faubourg de Paris. Il descendit de voiture à l'endroit nommé le *Moulin de briques*, éloigné d'environ cent pas de la première maison de ce faubourg. Sa Majesté monta alors à cheval, et, entourée d'un brillant état-major, de M. le comte de Murat Conseiller d'État Préfet du département, de M. le Lieutenant - Général Baron de Rottembourg, commandant la 16.e division militaire, précédée et suivie par l'escadron de sa Garde d'honneur de Lille et par un détachement de Chasseurs du 6.e régiment, elle fit son entrée dans la commune de Wazemmes au milieu des acclamations d'un peuple immense, accouru de toutes les contrées environnantes. M. Faure, Maire de cette commune et ses deux Adjoints s'étaient portés sur le passage du Roi, à la tête de dix-huit compagnies d'archers et d'arbalétriers dans la plus belle tenue, au nombre de trois cents personnes, munies de leurs arcs ornés de fleurs de lys.

Ce qui parut surtout fixer l'attention de Sa Majesté, ce fut cette forêt de moulins qui s'étend à droite et à gauche de la route et qui offre un coup-d'œil singulier qu'on ne saurait trouver ailleurs que dans cette commune. Les habitans s'étaient fait un devoir, en cette circonstance, d'orner chacun de ces moulins, de bouquets et de guirlandes, emblêmes de la joie qui animait tous les cœurs.

Le Roi ayant traversé le faubourg s'arrêta sous la tente triomphale qui avait été établie en avant des glacis. Ce pavillon, de forme élégante et entouré de trophées d'armes, portait pour inscription : *A Charles X le bien-aimé, la ville de Lille, fidèle et reconnaissante.* Aux deux côtés étaient deux tentes fort vastes, destinées aux dames et aux fonctionnaires publics. Le Maire, à la tête du Conseil municipal, se présenta au devant de Sa Majesté au moment où elle entrait dans le pavillon et lui offrit les clefs de la ville, (1) en lui adressant le discours suivant :

---

(1) Ces clefs, faites en acier bronzé et posées sur un coussin de velours cramoisi garni de franges d'or, placé dans un bassin de métal doré, sont les mêmes qui ont été présentées à Louis XV, le 2 août 1744, lors de sa première entrée en cette ville.

« Sire,

» Votre bonne ville de Lille se rappelle avec reconnaissance qu'un Bourbon, votre aïeul, l'a rangée pour jamais sous l'empire des Lys.

» Pour perpétuer la mémoire de cet heureux événement, nos ancêtres ont élevé, en l'honneur de Louis-le Grand, l'arc de triomphe qui embellit l'entrée de cette Cité.

» Derrière ce monument, une population fidèle et toujours dévouée à votre glorieuse dynastie, attend avec impatience l'arrivée de son auguste et bien-aimé Souverain. Votre présence, Sire, va combler les vœux des nombreux habitans de cette grande ville; je supplie Votre Majesté de me permettre de lui en présenter les clefs, et de lui offrir l'hommage de nos respects, de notre amour et de notre dévouement. »

Le Roi a répondu :

« J'accepte les clefs que vous me présentez. Je vous les rendrai à mon départ, avec la même confiance.

« Assurez bien les habitans de Lille que je me trouve heureux d'être dans leurs murs. Je sais qu'ils ont conservé des cœurs véritablement français depuis qu'ils sont attachés à la monarchie. Je suis sûr de trouver en eux fidélité, constance et courage dans toutes les circonstances. »

Sa Majesté s'arrêta un moment à contempler le magnifique spectacle qui s'offrait devant elle. Une foule prodigieuse se pressait dans l'intervalle qui la séparait de nos murs et faisait retentir l'air des cris de *Vive le Roi!* auxquels venaient se mêler des salves de grosse artillerie (1) et le

---

(1) Ces salves, au nombre de 101 coups de canon, étaient tirées par deux batteries servies par les canonniers sédentaires, la première de 4 pièces de 24 sur le cavalier de la Citadelle, l'autre de 3 pièces de 12 sur le bastion à gauche de la porte de Béthune.

son des cloches de toutes les paroisses de la ville. Au-delà de ce peuple *affamé de voir son Roi*, se déployaient en longues lignes vertes les sommités des différens ouvrages de fortification et celles des remparts, surmontées par toute la partie supérieure de la porte de Paris. Ce monument, restauré avec le plus grand soin, avait retrouvé toute sa majesté primitive, et semblait rendre présente à nos yeux toute la gloire du grand siècle pour en faire rejaillir l'éclat sur l'auguste et digne descendant de Louis XIV.

L'inscription suivante, placée en lettres d'or au frontispice de cette porte, doit servir à perpétuer la mémoire de deux époques chères aux Lillois. On la doit à M. Lafuite, juge-de-paix du canton de Lille-ouest et ancien officier du génie.

Senatus insulensis Ludovico Magno posuit anno MDCLXXXII, civitas Carolo dilecto restauravit anno MDCCCXXVII.

Arrivé sur les glacis de la place, le Roi y a trouvé M. le Vicomte Déjean, Maréchal de Camp, Commandant d'armes, avec tout son état-major. Cet Officier général a présenté au Monarque les clefs de la place, après quoi il a fait baisser le pont-levis et Sa Majesté s'est avancée dans la grande et belle rue de Paris qui offrait un aspect difficile à décrire. 350 sociétés d'archers et arbalétriers formant au moins 8000 hommes bordaient la haie. A l'aspect du Monarque, ils élevèrent tous à la fois leurs armes antiques, agitèrent leurs étendards. Des guirlandes traversales auxquelles étaient suspendues de jolies couronnes de fleurs, des draperies, des devises, le drapeau blanc flottant aux croisées du pauvre comme à celles du riche et plus que tout cela, cette joie pure qui se peignait sur toutes les physionomies, formaient un spectacle ravissant. Le Roi en paraissait enchanté. Son visage, si naturellement grâcieux et ouvert, ne respirait que le bonheur. La marche lente du cortége permettait à tout le peuple de contempler ses traits chéris, et rien n'empêchait ceux qui avaient quelque placet à présenter de s'approcher de la personne du Monarque.

Plusieurs fois Sa Majesté dut elle-même percer la foule qui l'entourait; mais c'était avec tant de bonté et de douceur que chacun se sentait pénétré pour elle de la plus tendre vénération.

Le Roi portait l'uniforme bleu, brodé en argent, et montait un superbe cheval bai-clair couvert d'une riche housse de velours cramoisi brodé en or. Les Ducs de Mortemart et de Luxembourg, Capitaines des Gardes, marchaient immédiatement devant le Roi.

Sa Majesté traversa ainsi toute l'étendue de la rue de Paris, celle des Manneliers et la Grand'place. Arrivée à l'entrée de la rue Esquermoise, un nouveau coup-d'œil s'offrit à elle. Cette rue, déjà belle desriches et brillans magasins qu'elle contient, était décorée par les soins de MM. Charvet et Fevez, manufacturiers estimés et honorés de tous leurs concitoyens, qui, en cette circonstance, avaient prêté cinq cents pièces de percale pour l'embellissement du quartier qui les avoisine.

Vers le milieu de cette rue, une femme âgée s'élança au devant du Roi et lui présenta un bouquet que Sa Majesté reçut avec bonté. « N'avez-vous rien à me de-
» mander ? » dit le Monarque à cette bonne femme, dont l'émotion était au comble. « Non, Sire, répondit-elle, je ne demandais que d'être assez heureuse pour vous offrir encore ce bouquet..... c'est le second..... Il y a cinquante-deux ans que je vous ai donné ici le premier. » Elle ne put en dire davantage, et le Roi lui-même était si touché que de grosses larmes roulaient dans ses yeux. Il serra affectueusement la main à cette femme qui s'éloigna le cœur plein de son bonheur.

Le Roi arriva enfin au Palais, mit pied à terre et s'avança vers le perron où se trouvaient les Demoiselles dont les noms suivent :

Mesdemoiselles :

DE MURAT.
DE MUYSSART.
DE LAYENS.
DE WILDERMETH.
BAUDON.
FIÉVET-MARACCI.
OLIVIER.
KOLB.
DE LÉCOURT.
CARION.
D'HESPEL.
DE BASSERODE.
DE LA FONTEYNE.
DE FOURNES.
DE LA MAIRIE.
DE BUUS.
POULLE.

DE GRIMBRY.
DUCLIQUENNOY.
D'HANGRIN.
D'ASSIGINES.
TAVERNE DE MONT- D'HIVER.
DE TENREMONDE.
BERNARD.
CHARVET-BARROIS.
CHARVET-DEFRENNE.
VANHOENACKER-LUISET.
MALMAZET.
FLAMENT.
VIRNOT.
DE LA SERRE.
MALFAIT.
DELERUYELLE.
DUMESNIL.
DELEBECQUE.
LEGRAND.
BERNAUX.
DESROUSSEAUX.
FROHART-DELAMETH.
FRUICT-DESPARCQS.

ARONIO.
BEAUSSIER.
BONNIER-D'ENNEQUIN.
LEFEBVRE.

Toutes ces demoiselles étaient vêtues de blanc et avec la plus grande simplicité; elles présentèrent au Roi une corbeille remplie de fleurs et Mademoiselle Antonine de Murat, âgée de seize ans, adressa à Sa Majesté le compliment ci-après :

« SIRE,

» Votre touchante bonté ne dédai-
» gnera-t-elle pas d'accueillir les témoi-
» gnages d'un amour qui nous fut trans-
» mis en héritage, car les premiers mots
» que dans une autre journée bégaya
» notre enfance sont encore ceux que
» nous dictent aujourd'hui nos cœurs,
» et les mêmes que ces heureuses et vastes
» contrées répètent toujours avec nous :
Vive le Roi ! »

Le Roi répondit :

« Croyez, Mesdemoiselles, que les sen-

» timens que vous m'exprimez touchent
» beaucoup mon cœur et surtout quand
» ils sont exprimés par vos bouches. »

En entrant dans les premiers appartemens, le Roi a trouvé réunis les membres du Clergé, ceux de la Magistrature et MM. les Députés du Nord, au nombre de trois seulement, M. le Comte de Labazèque, M. Barrois, M. Potteau D'Hancarderie; les autres Députés de ce département remplissant des fonctions administratives ou municipales, ceux qui se trouvaient à Lille furent présentés en l'une ou l'autre de ces dernières qualités. Sa Majesté a permis alors que les Demoiselles qui l'avaient reçue au perron lui fussent présentées deux à deux, et en les nommant.

Le Roi est entré ensuite dans ses appartemens et le premier objet qui a frappé ses regards a été le portrait de sa mère, la vertueuse Dauphine, Marie-Josephe de Saxe. Ce portrait peint par Vanloo appartient à la famille de M. le Comte de Murat. Le Roi a paru vivement touché de l'attention délicate qui lui avait présenté un souvenir aussi cher à son cœur et il a témoigné à Madame la Comtesse de Murat combien il y était sensible.

Pendant ce tems, toutes les sociétés de musique, compagnies d'archers et d'arbalétriers défilaient devant le palais aux cris mille fois répétés de *Vive le Roi* ! Les corporations d'ouvriers publics, tels que *rivageois*, porte-faix et autres, tous vêtus uniformément et de la plus grande propreté, venaient ensuite en faisant éclater les mêmes témoignages d'amour pour le Souverain. Enfin une foule sans cesse renaissante encombrait la rue Royale dans presque toute son étendue.

Toute la Garde d'honneur se trouvant réunie vis-à-vis le palais, M. le Colonel Brame, après avoir pris les ordres de M. le Baron de Glandèves, Major des Gardes-du-corps, chargé du service intérieur, désigna pour la garde du palais une compagnie de chacun des corps de la Garde nationale, des Canonniers et des Pompiers, conjointement avec l'escadron de Gardes à cheval, et un détachement du 6.ᵉ Régiment d'infanterie légère. La musique de ce Corps et celle de la Garde nationale demeurèrent aussi pour la partie du service qui les concernait.

Le Roi, étant revenu dans la grande galerie, il y eût présentation officielle comme aux Tuileries. M. le Marquis de Rochemore, Maître des cérémonies, présenta avec le cérémonial d'usage, non seulement toutes les Autorités et Corps constitués qui avaient droit à cette faveur en vertu de la loi sur le cérémonial, mais encore un grand nombre de fonctionnaires et de membres de corporations qui, d'après la même loi, ne pouvaient être présentés à Sa Majesté sans une autorisation spéciale, laquelle avait été accordée dès le 24 août (1).

Voici quelques-unes des réponses faites par le Roi aux différens discours qui lui furent adressés en cette circonstance :

Au Conseil Municipal :

« Je vous sais gré de ces sentimens et
» surtout du zèle que vous mettez dans
» l'accomplissement des devoirs qui vous
» sont confiés. Si la ville de Lille se trouve
» heureuse de me posséder momentané-
» ment, je puis vous assurer que ce sen-
» timent est bien partagé par mon cœur.
» Dites à vos administrés que je n'oublierai
» jamais l'accueil qu'ils me font, et que
» je compte sur leur attachement et leur
» fidélité. »

Au Tribunal de Commerce :

« Je prends le plus grand intérêt au

---

(1) Par une exception toute particulière, les Fonctionnaires qui ne portent pas l'uniforme furent admis en frac, culottes et bas noirs, sans être tenus à prendre l'habit de cour.

» commerce. L'objet constant de mes dé-
» sirs est de favoriser de plus en plus ses
» développemens. C'est à votre zèle à
» mettre en jeu tout ce qui peut contri-
» buer à faire prospérer le commerce de
» mon Royaume. »

A la Chambre de Commerce :

« Ma sollicitude s'étend sur tous mes
» sujets. Soyez sûrs qu'elle se porte sur
» tout ce qui peut intéresser un pays aussi
» favorable au commerce que celui-ci.
» Si je puis ajouter quelque chose à ses
» moyens de prospérité, je le ferai. »

Les Officiers de la Garde nationale ayant été présentés au Roi par M. le Colonel Brame, Sa Majesté leur a dit : « J'accepte
» avec grand plaisir, l'assurance que
» vous me donnez de vos sentimens ; je
» suis touché du zèle que la Garde na-
» tionale a montré dans cette occasion ;
» je lui en sais très-bon gré. »

Le Roi s'étant ensuite approché du corps d'Officiers des Canonniers séden-

taires de Lille, conduit par M. Leclercq, Capitaine commandant la première compagnie. Sa Majesté s'adressant à MM. les Officiers, leur a dit : « Vous appartenez
» à un Corps qui est très-ancien. Je con-
» nais tous les services qu'il a rendus, je
» sais aussi tout ce que l'on peut encore
» attendre des Canonniers de Lille, je
» suis satisfait de leur belle tenue et de
» leur discipline. Je compte toujours sur
» ce Corps et je ne l'oublierai pas. »

Les Officiers des Sapeurs-Pompiers, commandés par M. Leplus, Chevalier de la Légion d'Honneur, Chef de bataillon, eurent ensuite l'honneur d'être présentés au Roi, qui daigna prendre quelques informations sur la composition de ce Corps et s'il avait souvent des occasions de déployer leur intrépidité. « Non, Sire, répondit le Commandant, les Sapeurs-Pompiers arrêtent presque tous les incendies avant qu'ils aient fait de grands progrès. » — « Je me suis fait rendre compte de leur zèle et de leur dévouement, repris le Monarque, et ils peuvent être certains de toute ma bienveillance. »

Immédiatement après cette présentation, Sa Majesté monta en calèche découverte et sortit accompagnée de Leurs Excellences les Ministres de la guerre et de l'intérieur, pour aller visiter l'exposition des produits de l'industrie de l'arrondissement de Lille, qui avait été en quelque sorte improvisée avec un zèle digne des plus grands éloges. Les richesses industrielles de nos Fabricans étaient placées avec beaucoup d'ordre dans trois salles de l'Hôtel de Ville; celle dite des *Pas perdus*, celle d'été du Tribunal Civil et la pièce suivante appelée le Salon blanc.

Le Maire, ses Adjoints et le Conseil Municipal reçurent le Roi au bas du grand escalier. Sa Majesté étant entrée dans la première salle, s'arrêta d'abord devant un modèle de machine hydraulique destinée à monter l'eau par un double mouvement d'ascension, et s'informa si elle se mouvait par le moyen de la vapeur.

S. M. examina ensuite les mécaniques de MM. Godfernaux et Wattelaert-Wattrelot, pour la filature de coton et remarqua en avoir vu du même système à l'exposition de Paris. Les étoffes de la fabrique de Roubaix et de Tourcoing, par la beauté, le bas prix et la variété de leurs tissus appelèrent ses regards et ses judicieuses observations; elle se fit rendre compte de leurs débouchés, des matières qui entraient dans leur confection et de l'accroissement annuel survenu dans la population et la prospérité de ces deux villes naissantes.

Les toiles d'Armentières, les étoffes imprimées de Loos, les tapis vernissés de Wazemmes, le linge de table damassé, travaillé en présence du Roi par M. Ratel, valurent à chacun de leurs Fabricans les encouragemens les plus flatteurs.

Passant dans le salon suivant, le Roi

distingua les produits de la filature du coton. Cette branche importante occupe à Lille le plus grand nombre d'ouvriers, et nos meilleurs Fabricans, MM. Auguste Mille, Vantroyen-Cuvelier, Jonglez-Dehorne, etc., en perfectionnent chaque jour les travaux, de manière à affranchir bientôt la France de tout tribut envers l'Angleterre, puisque déjà leurs métiers filent couramment, pour la consommation les N.ºs 253 et 270, tels qu'on les voit à l'exposition.

Les fils et cotons, teints par MM. Cuvelier-Bonnel et Dubus, furent également remarqués par le Monarque qui adressa quelques questions à ces Fabricans. Ayant examiné avec attention leur rouge dit d'*Andrinople*, il leur dit avec bonté : « Voilà une conquête sur l'indus-
» trie des Rouennais dont on doit vous
» féliciter. »

S. M. fixa ensuite son attention sur les produits de la filtrie, cette ancienne source de la prospérité de Lille, puis sur les nouveaux élémens de richesses conquis depuis peu d'années sur l'étranger, tels que les céruses, les colles dites de Hollande et dont les établissemens s'élèvent de toutes parts sous nos murs; les tapis, façon de Tournay, qui se travaillent dans les ateliers de M. Duquesnoy-Delepoulle, à Tourcoing; l'application et les résultats des procédés anglais pour la filature de la laine à la mécanique; les tulles faits également à la mécanique et dont l'Angleterre nous a long-tems celé l'ingénieux secret. Le Roi s'informa avec bienveillance si l'introduction de ces mécaniques ne nuisait pas au commerce de dentelles, à quoi il fut répondu que l'emploi d'un métier à tulle pouvait, à Lille, dans le courant d'une année, ôter le travail à cent ouvrières en dentelles; mais qu'il en occupait quatre à cinq cents en broderies, etc., ce qui était tout à l'avantage du pays.

Un Officier supérieur des Gardes-du-corps lui fit remarquer la perfection du travail d'une selle en l'engageant à en faire l'emplette : « Mes beaux jours sont passés, » reprit Charles X. avec douceur; je ne » monte plus guère à cheval et j'en ferais » peu d'usage. » L'air de santé qui se peignait dans les traits du Monarque, contrastait heureusement avec la modestie de sa réponse.

Les machines à filer le lin dont l'invention était naguère encore un problême insoluble, attirèrent aussi ses augustes regards; mais ce qui captiva le plus particulièrement l'attention de S. M. fut la machine à fabriquer les cardes, dont elle voulut faire mouvoir elle-même les rouages compliqués. Le Roi saisit effectivement la manivelle et parut prendre plaisir à en diriger les mouvemens pendant quelques minutes. La partie du ruban de cardes élaboré par ses royales mains, fut aussitôt marquée et envoyée le lendemain au Palais. S. M. daigna l'agréer avec bonté et permit même à son départ qu'elle fut placée dans sa voiture.

Partout le Roi porta ses regards paternels sur les moindres produits de l'industrie qui s'offraient sur son passage; partout il interrogeait avec intérêt chaque fabricant sur l'état, les progrès de son genre d'industrie et sur les entraves qui pouvaient en arrêter les développemens, en les assurant tous de sa royale protection, comme de sa ferme volonté de seconder de tout son pouvoir les progrès du commerce français. Il semblait que dans ces communications directes entre le Monarque et ses sujets, il voulut, en évitant tout intermédiaire, recueillir et connaître de leur bouche même l'expression de leurs besoins et de leurs vœux (1).

En sortant des salons d'exposition, le Roi qui compte pour rien la fatigue quand il s'agit de satisfaire les cœurs de ses su-

---

(1) Voir le procès-verbal de la distribution des médailles à la fin.

jets, est monté à l'étage supérieur où se trouvent le Musée d'Histoire naturelle et le Cabinet de Physique. La Société des Sciences, des Arts et de l'Agriculture, réunie dans ce local, ayant eu l'honneur d'être présentée au Roi, M. Macquart, Président, s'est exprimé en ces termes :

« Sire,

» Partageant l'allégresse universelle que répand la présence de Votre Majesté dans le nord de la France, la Société des Sciences, de l'Agriculture et des Arts, de Lille, se félicite de pouvoir déposer à ses pieds l'hommage de sa fidélité, de son respect, de son dévouement et de son amour. La constante protection, la faveur encourageante dont les Arts et les Lettres jouissent auprès de votre Trône, Sire, l'heureuse influence que ressent l'Agriculture, cette base la plus solide du bonheur des peuples, des soins bienveillans que Votre Majesté ne cesse de lui donner, nous pénètrent de la plus vive reconnaissance, et la manifestation de ce sentiment est un devoir impérieux pour nos cœurs.

» L'accueil plein de bonté que Votre Majesté daigne faire à tout ce qui tend au perfectionnement des Sciences et des Arts, nous inspire la confiance de lui présenter le Recueil des travaux de la Société; heureux si cette humble offrande, fruit de nos efforts assidus dans la carrière de l'utilité publique, fixe les regards appréciateurs du digne successeur de tant de Rois, amis des Lettres, dont la France s'enorgueillit.

» Oserions-nous, Sire, exprimer un désir à l'accomplissement duquel nous attachons un prix infini? La faveur de recevoir de Votre Majesté le titre de Société Royale, commencerait pour nous une ère glorieuse, qui daterait de ce jour fortuné, à jamais gravé dans notre mémoire, elle nous inspirerait la volonté la plus forte de nous en rendre dignes et nous enflammerait d'une nouvelle ardeur, afin de seconder les inspirations bienfaisantes de Votre Majesté, dans la recherche de tous les moyens que présentent les Sciences, l'Agriculture et les Arts, pour augmenter le bonheur de ses peuples. »

Sa Majesté a répondu qu'elle comptait sur les efforts de la Société pour faire arriver l'Agriculture, déjà si florissante dans ce pays, au plus haut degré de perfectionnement possible. Elle a daigné ajouter qu'elle examinerait avec attention la demande qui lui était faite relativement au nouveau titre que la Société désirait obtenir.

M. Macquart, Président, a eu ensuite l'honneur de présenter au Roi le recueil de ses travaux entomologiques, concernant les insectes diptères du Nord de la France. M. Fée, Vice-Président a présenté sa *Flore de Virgile*, composée pour les classiques latins, ouvrage dédié au Roi ; M. Lestiboudois, sa *Nouvelle Bo-*

tanographie Belgique et M. Desmazières son *Agrostographie du nord de la France* et son catalogue des Plantes omises dans les Flores du nord de ce royaume. Sa Majesté en agréant l'hommage de ces divers ouvrages a daigné adresser aux auteurs, des paroles pleines de bienveillance et de bonté.

Le Roi a parcouru ensuite la galerie où sont déposés les objets d'Histoire naturelle et a témoigné sa satisfaction d'une collection déjà si riche par le nombre et la variété de ses articles, quoique sa fondation ne remonte à peine qu'à cinq ans, ce que LL. EExc. les Ministres de la guerre et de l'intérieur paraissaient avoir peine à croire.

Parmi les quadrupèdes empaillés on fit remarquer à Sa Majesté un renard tué par elle dans la forêt de Compiègne. Le Roi se tournant alors vers M. le Duc de Maillé, lui dit avec l'enjouement le plus aimable : « T'en souviens-tu, Maillé?

» mais au reste, il n'y a pas de quoi nous
» en vanter, car il n'est pas bien gros. »

Sa Majesté ayant quitté l'Hôtel de ville, au milieu des témoignages d'amour que lui donnait une nombreuse population, elle s'est dirigée vers la fabrique de fils à coudre de M. Lethierry. Ce respectable Fabricant eut l'honneur d'être présenté au Monarque et de le conduire ensuite dans ses ateliers où cinq métiers étaient en mouvement, les quatre premiers pour préparer et filer le lin, le cinquième pour le retordre. Sa Majesté les examina attentivement, ainsi qu'une pièce de fil blanchi, du plus fin numéro que M. Lethierry lui présenta et qu'elle reconnut pour être propre à faire les plus belles dentelles. Elle s'informa ensuite avec le plus vif intérêt de l'importance de cette branche d'industrie et apprit avec autant de plaisir que de surprise que les filtries de Lille fournissaient annuellement à la consommation pour douze à quinze millions de francs de leurs produits. Ses questions se portèrent ensuite sur ce qui était particulier à M. Lethierry : l'ancienneté de sa maison, la facilité de ses débouchés ; « Enfin, ajouta le Monarque, êtes-vous » content de la vente ? » M. Lethierry ayant répondu qu'il n'avait pas à se plaindre : « J'en suis enchanté, reprit le Roi, » cela ira encore mieux, j'en suis per- » suadé. » Sa Majesté quitta ensuite cette fabrique après y avoir charmé tous les cœurs par sa bonté et avoir laissé aux ouvriers des preuves de sa munificence.

Le Roi se rendit ensuite chez MM. Scrive frères, Fabricans de cardes, et parut voir avec beaucoup d'intérêt les machines à fabriquer les plaques et rubans de cardes, celles à drayer et égaliser les peaux, la tréfilerie, etc. Il daigna adresser à ces Fabricans les paroles les plus flatteuses et les plus encourageantes sur leurs succès et le bon ordre qui règne dans leurs ateliers. Une somme leur fut aussi remise par ordre de Sa Majesté pour être distribuée aux ouvriers. Le Roi s'est dirigé ensuite vers la filature de coton de M. Auguste Mille, où l'attendait une foule immense, empressée de témoigner au Souverain son respect, son amour et sa reconnaissance.

Sa Majesté adressa d'abord à M. Mille les choses les plus obligeantes et fut conduite aussitôt près des machines qui font subir au coton les premières préparations. Elle remarqua surtout un métier, nommé *Banc de broches*, importé d'Angleterre, il y a six ans, par ce Filateur et contribuant puissamment aujourd'hui au perfectionnement de la filature pour les numéros élevés. Le Roi s'est alors informé avec autant de bienveillance que de sagacité de l'espèce de cotons que l'on employait de préférence, des lieux d'où on les tirait, des détails de la fabrication, des moyens de placement, des ressources que cette branche d'industrie offrait à la classe ouvrière. Les questions du Monarque annonçaient un désir bien prononcé de connaître la vérité; elles décélaient la volonté de favoriser par tous les moyens possibles les efforts du commerce. Au moment de quitter cette partie des ateliers, S. Exc. le Ministre de la guerre fit connaître à Sa Majesté qu'il existait dans l'établissement une chambre rendue mobile par la vapeur et destinée à transporter aux ateliers supérieurs les hommes et les marchandises. Aussitôt, sans attendre qu'on en fît l'épreuve, le Roi témoigna le désir de connaître par lui-même ce moyen d'ascension aussi simple qu'ingénieux et, accompagné seulement de son Capitaine des gardes et de M. Mille, il est entré dans la machine, au grand étonnement de sa suite et de tous les spectateurs. Noble confiance qui dévoile la sécurité d'un Prince généreux, confiance d'autant plus remarquable que de simples particuliers en visitant cette filature s'étaient refusés à une telle expérience.

Là, comme partout, la bonté du Monarque se fit remarquer jusques dans les moindres détails. Le jeune Mille, âgé de onze ans, lui ayant présenté dans une corbeille des produits de la fabrique, reçut de sa bouche royale des expressions de bienveillance qui resteront à jamais gravées dans son cœur.

Lorsqu'après une visite d'une demiheure le Roi se disposait à sortir, il témoigna le désir de saluer l'épouse de M. Mille qui s'entretenait alors avec S. Exc. le Ministre de la guerre, et poussa la courtoisie jusqu'à attendre que cette Dame avertie de l'extrême bonté du Monarque à son égard, accourut pour recevoir ses adieux.

Un établissement d'une autre nature réclamait aussi la présence de Sa Majesté. Un Bourbon, est le père de tous les Français, mais les pauvres sont ses enfans de prédilection. Le Roi se fit conduire à l'Hôpital général. La Commission administrative des Hospices civils et des secours publics de Lille s'y était réunie. M. Dusart-D'Escarne, Vice-Président, adressa à Sa Majesté les paroles suivantes :

Sire,

» Daignez agréer l'hommage de notre
» amour, de notre respect et de notre
» fidélité. Vivre et mourir pour les Bour-
» bons, tels ont été, tels seront toujours
» nos sentimens. »

Le Roi se transporta ensuite à la Chapelle où il fut reçu par les Aumôniers de l'établissement. M. Deswaenne, premier Aumônier, après avoir présenté l'eau-bénite au Roi et l'avoir encensé, le complimenta en ces termes.

« Sire,

« Les acclamations et les transports
» que Votre Majesté vient de recueillir
» en entrant dans cette ville, retentissent
» aussi dans cette enceinte, et sont un
» témoignage certain de l'amour que

» nous portons tous, dans le fond de
» nos cœurs, à votre personne sacrée. »

« Père de tous les Français, vous faites
» voir que vous êtes encore plus parti-
» culièrement celui des pauvres et des
» orphelins, puisqu'à peine entré dans
» cette ville, vous daignez les visiter.

» Que pourrons-nous dire, Sire, pour
» vous exprimer notre respect et notre
» amour, sinon répéter du fond de nos
» cœurs ces paroles qui se font entendre
» aujourd'hui d'un bout à l'autre du nord
» de la France, *Vive le Roi à jamais !* »

Après ce discours les Aumôniers ont conduit Sa Majesté au prie-Dieu qui lui avait été préparé et ont aussitôt, chanté le *Domine salvum fac Regem*, le *Laudate Dominum omnes gentes* et les derniers versets du *Pange lingua*. Les assistans unissaient leurs voix à celles des Aumôniers.

Le premier Aumônier a donné la bénédiction du Très-Saint-Sacrement et a ensuite reconduit le Roi jusqu'à la porte de la chapelle, où il a de nouveau encensé S. M. après lui avoir présenté l'eau-bénite.

Au sortir de la chapelle, le Roi, se retournant vers M. Quecq, l'un des Administrateurs, qui était resté près du portique, lui a dit : *M. Quecq, je vous ai vu ce matin, vous êtes fort souffrant, cela suffisait.* M. Quecq a répondu : *Sire, ce matin, c'était pour vous présenter l'hommage de mon respect et de mon amour; cet après-midi, c'est pour prendre part à l'allégresse que votre présence inspire.*

Le Roi a daigné ensuite visiter la pharmacie, la lingerie, le tour et les salles des différens étages.

Après avoir parcouru plusieurs salles, le Roi se trouvait dans le corridor près duquel sa voiture était arrêtée. La Supérieure des Sœurs de la Charité attachées à l'établissement, croyant que S. M. allait partir, lui demanda la permission de lui baiser la main. *Je ne m'envais pas*, répondit le Roi, *je veux voir les malades et les infirmes*, et cet excellent Prince continua de visiter les salles, en adressant des paroles de consolation aux vieillards et aux malades.

Une Sœur lui ayant aussi exprimé son respect et son attachement, Sa Majesté répondit : *La plus grande marque d'affection que vous puissiez me donner c'est de bien servir les pauvres.*

Partout, les administrés ont accueilli Sa Majesté aux cris de *Vive le Roi* ! mille fois répétés avec le plus vif enthousiasme. Partout Sa Majesté a bien voulu témoigner sa satisfaction aux Administrateurs et aux Sœurs de la Charité.

Le procès-verbal de la visite du Roi ayant été dressé sur-le-champ, Sa Majesté a eu l'extrême complaisance d'y apposer sa signature. Celle de son malheureux fils S. A. R. le Duc de Berry, se trouvait au feuillet précédent; mais on a eu la précaution de cacher cette circonstance, pour ne pas rappeler au cœur du Monarque un souvenir douloureux.

Sa Majesté, étant sur le point de partir, permit à toutes les Sœurs de lui baiser la main. L'une d'elles qui était restée en arrière, accourait pour jouir du même bonheur, lorsqu'une personne de la suite du Roi lui dit : *Ma Sœur, il est trop tard.* Sa Majesté ayant entendu ce peu de mots, rappela la bonne Religieuse en lui disant avec l'affabilité la plus touchante : *Approchez, approchez, ma Sœur, il n'est pas trop tard.*

En quittant l'établissement où Sa Majesté était restée pendant une heure et demie, elle daigna adresser aux administrateurs et aux Sœurs de la Charité avec cette bonté touchante qui lui est si naturelle, des remercîmens pour les soins qu'ils donnent aux pauvres.

La sortie du Roi eut lieu au milieu des acclamations unanimes des administrés et des assistans.

De retour au Palais, le Roi dîna à six heures et demie : près de 4000 personnes furent admises à circuler dans la salle du banquet et purent lire sur les traits de Sa Majesté, la satisfaction dont elle paraissait jouir. Rien en effet n'était plus propre à satisfaire le cœur du Monarque que cet empressement général et le bonheur dont sa présence comblait tant de fidèles sujets.

A la suite du dîner le Roi se rendit au bal qui lui était préparé dans la salle du concert. Cette salle avait été ornée et embellie par les soins de la commission nommée à cet effet. Il y avait été ajouté une salle à manger qui occupait toute la largeur de la rue du Duc de Bordeaux. La grande salle de bal et le salon qui la précède étaient éclairés par cinq cents bougies, placées dans douze lustres et vingt-deux candelabres. Quatre cents dames, élégamment parées étaient assises sur six rangs de gradins. Il avait été réservé des places sur la première banquette à la droite de l'estrade pour Mesdames la Comtesse de Murat, la Baronne de Rottembourg, la Baronne Gougeon, la Comtesse de Muyssart, la Comtesse Déjean, Mesdames Defontaine et Potteau D'Hancardrie. Toutes les autres places étaient occupées par les dames indistinctement. Un trône avait été élevé dans le fond de la salle, sur une estrade où pouvaient être placées toutes les personnes de la cour formant la suite du Roi.

Vers neuf heures un quart, les cris de *Vive le Roi!* qui retentissaient à l'extérieur, annoncèrent l'arrivée de Sa Majesté. M. le Maire, à la tête de MM. les Adjoints, du Conseil municipal et des Commissaires de la fête, reçut le Roi à la descente de sa voiture. Ce cortége marchant dans l'ordre contraire, c'est-à-dire, les Commissaires, le Conseil municipal et Messieurs les Adjoints rentra dans la salle par l'antichambre et le premier salon : il s'arrêta à la hauteur de la première banquette où étaient placées les dames. Aucun homme n'était resté dans le parquet de cette salle. Alors le Roi entra, ayant à sa gauche M. le Maire, et suivi de M. le Préfet, de MM. les Généraux et de toute sa cour.

Au moment où le Roi entra dans la salle, toutes les dames debout à leur place firent entendre le cri de *Vive de Roi.* Chacune d'elles tenait à la main un bouquet de fleurs, de sorte que toute la salle ressemblait à une vaste corbeille. Le Roi, après avoir salué gracieusement les dames les invita à s'asseoir. Il fit ensuite le tour de la salle, en commençant à droite de la porte d'entrée, et en adressant la parole à toutes les dames, qui lui furent nommées par M. le Maire.

Sa Majesté étant allée se placer sur le trône qui lui avait été préparé en face de la porte d'entrée, toute sa cour, ainsi que M. le Préfet et M. le Maire formèrent un demi-cercle un peu en arrière du fauteuil du Roi. Alors un orchestre, cachée par le rideau de glaces qui régnait autour de l'estrade, a fait entendre l'air : *Vive Henri IV*, après lequel une voix sonore et pleine d'expression a chanté la cantate suivante dont le refrain était répété en chœur par les Elèves de l'Académie royale de Musique de Lille.

Voici le Roi, voici le Roi !
Français fidèles,
Sous sa bannière accourez vous ranger,
La justice et l'honneur de palmes immortelles,
A l'envi viennent l'ombrager.
La paix le couvre de ses aîles, }
Qui que tu sois incline-toi, } *bis.*
Voici le Roi, voici le Roi ! }

Voici le Roi, voici le Roi !
Français fidèles,
Ils ne sont plus les momens du danger,
Mais si Charles souffrait des disgrâces nouvelles,
Armez-vous tous pour le venger,
Unissez vos mains fraternelles, }
Qui que tu sois ranime toi, } *bis.*
Voici le Roi, voici le Roi ! }

Voici le Roi, voici le Roi!
Français fidèles,
Que la patrie enfin sèche ses pleurs,
Henri Quatre est encor ; ses vertus immortelles
Le montrent toujours à nos cœurs.
CHARLES reparaît avec elles, ⎫
Peuple Français console toi ;   ⎬ bis.
Voici ton Roi, voici ton Roi! ⎭

Ces paroles dont la musique était parfaitement appropriée à la grandeur du sujet, produisirent une vive émotion sur l'auditoire et le Roi parut visiblement la partager. Il voulut bien permettre que le bal commençât. Une contre-danse composée de quarante dames et d'autant de cavaliers se forma alors en face du trône et se renouvela trois fois. Sa Majesté désira ensuite qu'on dansât une walze, ce qui fut exécuté. Enfin, après être resté une heure et un quart dans la salle, le Roi se retira, précédé du même cortége qui l'avait reçu à son entrée. Au moment de monter en voiture, Sa Majesté se retourna et dit à M. le Maire qui la suivait : « Je suis on » ne peut plus satisfait, j'espère que ces » demoiselles vont danser encore long-» tems. » Quelques instans auparavant le Roi avait dit aussi « Je passerai demain » matin la revue de ma *grande* armée. » Elle me défendrait, si j'en avais be-» soin. » — « Et nous aussi, Sire, s'est » écrié M. le Maire. » Le Roi, en rentrant au palais dit avec émotion que cette journée était l'*une des plus belles de sa vie.*

Après le départ de Sa Majesté, le bal, où se trouvaient réunies plus de mille personnes, continua jusqu'au jour. Des rafraîchissemens furent offerts, et vers minuit, un souper fut servi dans la salle qu'on avait construite sur l'emplacement de la rue du Duc de Bordeaux ; on y avait placé 14 tables qui pouvaient recevoir chacune dix couverts ; ces tables furent renouvelées plusieurs fois pendant la durée du bal.

Dans la soirée, la plus brillante illumination avait éclairé toutes les rues et places publiques. Jamais on n'en avait vu de plus générale. Jamais non plus nous n'avions célébré la présence d'un Prince plus aimable et plus cher à nos cœurs.

Par les soins de l'Autorité militaire, les portes de la ville étaient demeurées ouvertes, afin de laisser écouler une immense population qui allait chercher gîte dans les faubourgs.

Le 8, à sept heures du matin, le Roi sortit presque seul et à pied pour aller entendre la messe à l'Eglise de St.-André. Le peuple, qui seul était sur pied d'aussi bonne heure, a pu contempler sans obstacle les traits de son Roi, qui se mêlait familièrement dans la foule accourue sur son passage.

Sa Majesté fut reçue à la porte de l'Eglise par M. le Doyen de Saint-André qui lui adressa le discours suivant.

« Sire,

» Au milieu des transports de la plus vive allégresse qu'inspire à cette grande et fidèle Cité la présence auguste de son Monarque chéri, Votre Majesté veut donner à son peuple un grand exemple, celui de son respect profond et de sa vénération sincère pour notre religion sainte, pour le Dieu par qui régnent les Rois. Heureux de contempler dans l'Héritier des vertus des Fils de Saint-Louis cette piété tendre dont Votre Majesté s'honore, nous unirons, Sire, avec plus de confiance nos vœux les plus ardents à la vivacité de ceux de notre Roi bien-aimé, afin d'obtenir du Ciel, dans ce Temple enrichi par la munificence royale, les bénédictions les plus abondantes pour votre personne sacrée, qui ne respire que pour le bonheur de son peuple. »

Le Roi répondit : « M. le Curé, implorons le secours du Ciel pour le bonheur des Français. »

Le Roi fut alors conduit processionnellement à son prie-Dieu, placé dans le Chœur, et aussitôt les élèves de l'Académie royale de Musique, chantèrent une partie de la Messe solennelle de Chérubini.

Le service divin étant terminé, Sa Majesté retourna à pied au palais, où elle reçut dans la matinée la visite de S. A. R. le Prince héréditaire des Pays-Bas, qui venait d'arriver.

A onze heures le Roi voulut aller visiter l'Arsenal et l'Hôpital militaire. A peine Sa Majesté était-elle sortie que S. A. R. Monseigneur le Dauphin arriva au palais. Sans perdre de tems, ce Prince monta à cheval et courut rejoindre son auguste Père pour l'accompagner dans sa visite.

Le Roi est arrivé à l'Hôpital militaire d'instruction accompagné de son auguste Fils, de S. A. R. le Prince d'Orange, du Ministre de la guerre et des autres

Officiers de sa suite. Il a été reçu à la grille d'entrée par M.' Hall, Sous-Intendant militaire, M. Vaidy, Médecin en chef, premier professeur, M. Fabre, Chirurgien en chef, premier professeur, M. Charpentier, Pharmacien en chef, premier professeur; M. Léo, Officier comptable, et par tous les Officiers de santé de l'établissement.

Sa Majesté a parcouru d'abord les salles des soldats blessés, leur adressant la parole et s'entretenant de leur situation avec le Chirurgien en chef. Mgr. le Dauphin reconnut M. Fabre, et dit au Roi : « Mon père, je vous présente M. Fabre, Chirurgien en chef de mon armée en Espagne, où il a servi avec la plus grande distinction. »

Dans les salles des fiévreux, dont presque tous les malades provenaient du camp de Saint-Omer et de la garnison de Dunkerque, M. Vaidy, Médecin en chef, dit au Roi qu'on diminuerait beaucoup les chances de maladie pour les soldats, 1.º en supprimant les pantalons de toile ; 2.º en distribuant de l'eau-de-vie au lieu de vinaigre pour mélanger avec l'eau et former la boisson journalière ; 3.º en logeant les soldats campés sous des baraques et non sous des tentes, qui ne préservent ni de la chaleur ni du froid.

Le Roi a entendu avec bienveillance ces observations qui concernent la santé d'une portion si intéressante de ses sujets.

Dans la salle des Officiers, Sa Majesté s'informa de la manière la plus gracieuse auprès de chaque malade, et de l'état de sa santé et de sa position dans l'armée.

Au moment du départ, M. le Ministre de la guerre a annoncé que Sa Majesté le chargeait d'exprimer sa satisfaction à tous les fonctionnaires attachés à l'établissement.

Pendant ce tems on avait réuni sur le Champ-de-Mars, les différens corps composant la Garde d'Honneur et ceux de la garnison. Une foule innombrable d'habitans et d'étrangers remplissait cette vaste plaine et attendait avec impatience le moment de pouvoir offrir à leur Monarque bien-aimé l'hommage de leur amour et de leur fidélité.

Enfin le Roi parut : il était à cheval. Mgr. le Dauphin et le Prince d'Orange étaient à ses côtés. Un nombreux état-major accompagnait le Roi.

Sa Majesté parcourut les rangs aux cris de *Vive le Roi*, qui retentissaient de toutes parts et daigna adresser des témoignages de sa satisfaction à chacun des corps sur leur belle tenue, et sur le zèle qu'ils avaient montré dans cette circonstance. Le Roi se rendit ensuite à la Citadelle et mit pied à terre près la porte Royale. Il était toujours accompagné des Princes, de S. Exc. le Ministre de la guerre (1)

---

(1) S. Exc. le Ministre de l'intérieur ayant reçu des nouvelles fâcheuses sur la santé de son fils, avait obtenu du Roi la permission de retourner à Paris.

de M. le Lieutenant-Général du Génie, Comte Rogniat, de M. le Maréchal-de-Camp Michaud, de la même arme, Inspecteur en tournée et de M. Repécaud, Lieutenant-Colonel du Génie. Sa Majesté fut reçue au premier pont-levis par M. le Baron Lebon, Commandant d'armes, qui lui présenta les clefs de la place. Elle adressa des paroles pleines de bonté à ce brave Officier, et Mgr. le Dauphin daigna s'entretenir quelque tems avec lui.

Le Roi remarqua en entrant l'inscription latine, placée au-dessus de la porte Royale, et demanda au Baron Lebon comment cette inscription avait été retrouvée, et depuis quel temps on l'avait rétablie.

Sa Majesté est ensuite montée sur le cavalier du bastion d'Anjou, pour y voir les ouvrages qui protègent la défense de la porte de Dunkerque. Elle a remarqué près de leurs pièces des Canonniers vétérans de la ville de Lille. M. le Lieutenant-

Colonel Repécaud a saisi cette occasion pour faire l'éloge de ce Corps et Sa Majesté a paru l'entendre avec intérêt.

Le Roi, après avoir admiré le beau coup-d'œil que présentait de ce point élevé la ville et ses environs, a désiré voir le plan de la place : il a été développé aussitôt sur le parapet du cavalier.

M. le Général Rogniat a fait remarquer en particulier à Sa Majesté les ouvrages des *tenaillons*, situés à la sortie de la Deûle, et qui, en 1708, avaient été le point d'attaque choisi par le Prince Eugène. Il cita au Roi la belle défense d'un de ces tenaillons par le Chevalier d'Ognon qui, après s'y être défendu dix-sept jours derrière une traverse et y avoir soutenu quatre assauts, ne s'était retiré que lorsque la prise de la demi-lune l'y avait obligé, et avait reçu de M. de Boufflers le brevet de Lieutenant-Colonel.

M. le Général Rogniat, ayant parlé à Sa Majesté d'une attaque générale des *chemins couverts* de ces ouvrages, qui avait coûté 5000 hommes aux assiégeans, M. le Commandant du Génie prit la liberté de dire au Roi que cette attaque avait eu lieu précisément le 8 Septembre et qu'un des ancêtres de S. A. R. le Prince d'Orange, qui en ce moment se trouvait à côté du Roi, avait passé toute cette nuit dans la tranchée avec le Roi Auguste de Pologne et le Prince de Hesse. Il ajouta que quelques jours après (le 22 Septembre) lorsque le Prince Eugène fut blessé au-dessus de l'œil, étant dans la tranchée, il se trouvait entre le Prince de Hesse et le même Prince d'Orange qui était partout où il y avait du danger à courir.

Ce rapprochement a paru faire plaisir au Roi et à S. A. R. le Prince d'Orange qui, par la bravoure qu'il a montrée en 1815 à la bataille de Watterloo, a prouvé qu'il ne dérogeait pas de son ayeul. Sa Majesté a serré affectueusement la main à ce prince et lui a dit en souriant qu'elle espérait que cela n'arriverait plus.

On fit remarquer ensuite à Mgr. le Dauphin le magasin à poudre en construction, dont la chappe doit être formée d'une couche de beton comme à celui de la citadelle de Pampelune, dont la voûte ainsi construite n'a pas souffert du choc des bombes, ce qu'on fut à même de vérifier après la capitulation de cette forteresse en 1823.

Le Roi et S. A. R. ont eu la bonté de témoigner leur satisfaction à M. le Capitaine Fuchsamberg qui dirige la construction du bâtiment à l'épreuve de la bombe, destiné à une manutention de siège, et ont appris avec intérêt que ce bâtiment, si on y suppléait par des silos et une boulangerie, qui pourraient être placés avec un moulin à vapeur dans un bastion de la citadelle, fournirait un abri sûr, en cas de siège, aux malades et aux blessés, et pourrait contenir environ 2000 hommes.

En passant à la dernière demi-lune, le Roi y a trouvé réunis les ouvriers de tout état, employés par le génie militaire, et leur a témoigné sa bienveillance ; mais en entrant sur la place d'armes, la foule de peuple se trouva telle qu'il ne restait au Monarque qu'un passage fort étroit. Le Baron Lebon engagea le public à reculer de droite et de gauche pour ne pas obstruer le chemin. « Il y a de la place, » répondit le Roi, laissez-les s'approcher; » ils me font plaisir. »

En passant près de la chapelle, Mgr. le Dauphin a remarqué que le portail en était nouvellement réparé et s'est informé dans quel état se trouvait l'intérieur. Sur la réponse qui lui fut faite que l'intérieur était dans un délabrement complet, et que la restauration de cette chapelle serait d'un besoin urgent pour les troupes stationnées dans la Citadelle, S. A. R. promit de s'occuper de cet objet avec le Ministre de la guerre.

Le souvenir de Boufflers donne en effet à cette chapelle un haut intérêt : on sait que l'illustre Maréchal, cédant aux ordres du Roi qui, après la plus glorieuse défense lui enjoignaient de capituler, exigea pour première clause de la convention, que la chapelle ne serait employée qu'au culte catholique, bien que la Citadelle dût recevoir une garnison hollandaise. Le Prince Eugène, après quelques difficultés, accéda enfin à cette condition et la fit respecter par les Alliés.

Le Roi, avant de quitter la Citadelle, témoigna à plusieurs reprises à MM. les Officiers du Génie, sa satisfaction sur le bon état où il avait trouvé cette place importante qui suffirait seule pour immortaliser le nom de Vauban. Entr'autres réparations on avait fait replacer à chaque bastion son nom primitif, savoir : *Turenne, Dauphin, du Roi, d'Anjou* et *de la Reine*.

Sa Majesté fut saluée, à sa sortie, de vingt-un coups de canon, ainsi qu'elle l'avait été à son entrée. Elle revint alors sur le Champ-de-Mars où la Garde d'Honneur et les troupes qu'elle avait passées en revue venaient de se former en colonne serrée. Ces corps défilèrent par divisions devant le Roi et firent éclater hautement les sentimens dont elles étaient pénétrées.

Le Roi se dirigea ensuite vers les remparts et parcourut cette portion de l'enceinte située au nord de la ville. En arrivant sur un bastion du front des tenaillons qu'elle avait observés de la Citadelle, Sa Majesté mit pied à terre et escalada légèrement le parapet pour mieux voir le front d'attaque qui lui avait été décrit, et pour juger des travaux importans qui s'y exécutent encore. M. le Capitaine D'Aigremont qui dirige ces travaux a eu l'honneur d'être présenté à Sa Majesté et à Mgr. le Dauphin, qui ont bien voulu lui témoigner leur haute satisfaction. On a fait remarquer au Roi le modeste arc de triomphe en feuillage, élevé au-dessus de la belle écluse de sortie des eaux par les ouvriers qui, privés du bonheur de voir de près Sa Majesté, témoignaient par leurs acclamations et en agitant des drapeaux et des branches d'arbres, qu'ils étaient heureux d'être sous les yeux de leur Souverain.

M. le Colonel Daullé ayant dit au Roi que les travaux qu'il avait sous les yeux avaient été conduits par le Capitaine D'Aigremont avec *la plus grande économie*, sa Majesté répondit qu'elle voudrait avoir beaucoup de serviteurs comme lui.

M. le Général Rogniat développa de nouveau le plan de la place sous les yeux de Sa Majesté qui entendit avec intérêt les nouvelles explications que lui donna ce Général sur le fameux siége de 1708. Le Prince d'Orange était présent à leur entretien, et fit plusieurs questions aux Officiers du Génie sur les changemens qu'ils se proposaient de faire au front des tenaillons. Ils hésitaient à répondre, lorsque le Roi les y autorisa d'un coup-d'œil en prenant la main du Prince et en lui disant avec bonté : *Nous sommes amis pour long-tems, il n'y a rien de caché entre nous.*

Le Roi sortit par la porte de Gand, pour aller visiter la grande fabrique de Marcq-en-Barœul. Il arriva à cet établissement vers trois heures, toujours accompagné de LL. AA. RR. Mgr. le Dauphin et le Prince d'Orange. Sa Majesté fut reçue par les Administrateurs aux cris de *Vive le Roi*, que toute la population voisine et les nombreux ouvriers n'ont cessé de répéter avec le plus grand enthousiasme.

Les Administrateurs ont présenté à Sa Majesté le délégué de l'Administration, M. Daullé, Capitaine retraité, le Directeur-Fabricant, M. Desurmont-Chombart, et Madame Desurmont-Chombart qui ont fait connaître tous les détails de l'établissement au Roi et aux Princes.

Sa Majesté a suivi avec un grand intérêt les opérations successives que subit la laine pour arriver à la filature du plus grand degré de finesse ; de l'atelier de filature, le Roi a passé dans la chambre où se trouve la machine à vapeur de la force de 50 chevaux. M. Hallette, qui l'a construite, en a expliqué tout le mécanisme. Il a fait voir au Roi, avec quelle facilité on arrête et on met en mouvement une machine d'une aussi grande puissance. Sa Majesté a dit à M. Hallette qu'elle verrait son établissement d'Arras avec le plus grand intérêt, lors de son passage en cette ville.

Le Roi étant monté au premier étage de la filature a marqué sa surprise d'y voir encore des métiers à filer et d'apprendre que les trois étages devaient en contenir également par la suite. Il a été conduit ensuite dans la peignerie où se trouvait en activité une machine à peigner pour laquelle la Société de Marcq, possède un brevet d'importation. Sa Majesté a admiré la netteté de la laine sortant de cette machine, qui sert de modèle à plusieurs autres actuellement en construction.

Enfin Sa Majesté a vu la machine à flamber, importée aussi d'Angleterre; elle a pris plaisir à voir passer plusieurs fois une pièce de tulle dans la flamme du gaz hydrogène, et elle s'est convaincue, en la regardant au jour qu'il n'y restait pas le moindre duvet. Cette opération a frappé le Monarque par ses bons résultats pour toutes sortes de tissus.

Le Roi, après avoir tout visité, a dit : « J'ai vu avec le plus grand plaisir un » établissement qui est dans ce pays d'un » si grand intérêt pour le commerce, ainsi » que pour l'amélioration et la propaga- » tion des races de moutons à longues » laines. Je favoriserai toujours tout ce » qui est avantageux au commerce et à » l'agriculture. Je désire vivement, Mes- » sieurs, que vous prospériez, » a-t-il ajouté, en adressant des paroles d'encouragement aux Administrateurs et au Directeur.

Sa Majesté après avoir laissé des marques de sa royale munificence aux ouvriers, est sortie de l'établissement pour remonter en voiture et elle a été accompagnée comme à son entrée, par les plus vives acclamations.

Le Roi s'est ensuite dirigé vers le nouveau canal de Roubaix pour y poser la première pierre de la première écluse.

Jamais fête semblable ne fut plus improvisée ; les Ingénieurs ne purent donner les premiers ordres que le jour même à l'ouverture des portes; mais telle est l'influence de la satisfaction et de l'amour, que quelques heures ont suffi pour graver l'inscription, tailler et conduire la pierre, déblayer les chemins, et rendre accessibles les abords de l'écluse. Les Chefs des manufactures voisines s'empressèrent d'orner le passage du Roi en formant des festons et des guirlandes avec les pièces d'étoffes tirées de leurs ateliers et suspendues en long et en travers aux arbres des routes; les jeunes filles couvrirent le chemin de feuilles et de fleurs.

Jamais solennité ne fut plus mémorable : les Princes héréditaires des deux royaumes voisins au milieu d'ouvriers Français et Belges, assistent à l'ouverture des travaux également avantageux aux deux pays, et semblent par là donner de nouveaux gages d'une longue paix, source première de toutes les prospérités.

Jamais cérémonie ne fut plus simple et plus touchante, un Ministre de Dieu, âgé de 85 ans bénit l'œuvre des hommes; un Souverain de 70 ans daigne venir presque sans escorte dans un lieu solitaire et descendre dans des fondations profondes pour honorer des entreprises utiles au commerce de son Royaume; la population des campagnes quitte les champs, reste enfoncée plusieurs heures dans l'eau et la vase pour voir de plus près le Roi; elle manifeste avec ardeur ses sentimens d'amour et de dévouement.

M. Becquey, Directeur-Général des ponts-et-chaussées, reçut le Roi à la descente de sa voiture et lui adressa le discours suivant :

« Sire,

» Le canal dont Votre Majesté daigne
» visiter les premiers travaux, fait partie
» de ce grand ensemble de navigations
» artificielles qui, depuis quelques an-
» nées, s'exécute sur divers points du
» Royaume et lui prépare tant de moyens
» nouveaux de prospérité ; la concession
» date à peine de dix-huit mois et grâce
» aux talens, à l'activité des Ingénieurs,
» au zèle des Concessionnaires (1), le
» pays ne tardera pas plus d'une année à
» entrer en jouissance du bienfait de cette
» communication.

---

(1) Cet éloge adressé aux concessionnaires par M. le Directeur des ponts-et-chaussées, paraît s'appliquer particulièrement à M. Louis Brame, qui en exécute les travaux.

» Sire, les ouvrages d'utilité publique
» obtiennent toujours les nobles encou-
» ragemens d'un Roi constamment occupé
» du bonheur de son peuple, et Votre
» Majesté, en fixant un instant ses regards
» sur un travail éminemment utile, dé-
» cerne à ceux qui y ont concouru la plus
» glorieuse récompense. Qu'il leur soit
» permis, dans cette heureuse circons-
» tance, d'unir l'expression de leurs pro-
» pres sentimens aux transports d'allé-
» gresse et d'amour, aux témoignages
» si sincères et si unanimes de respect,
» de reconnaissance et de dévouement
» qui éclatent partout sur les pas de
» Votre Majesté. »

Le Roi a répondu :

« Je sais avec quel zèle, vous, et les
» Ingénieurs sous vos ordres, vous oc-
» cupez de travaux utiles au commerce;
» vous ne pouvez me témoigner mieux
» votre affection qu'en continuant de
» donner les mêmes soins à des entreprises

» qui ont une si grande influence sur la
» prospérité de mon Royaume. »

Cette touchante sollicitude, cette confiance sans bornes, une improvisation facile, une voix assurée, une pose ferme, tout annonce que Charles X complètera l'œuvre de la restauration en portant au plus haut degré de splendeur l'Agriculture, le Commerce et les Arts pendant le long règne qu'on a le droit d'espérer.

Après la pose de la première pierre, Sa Majesté a daigné recevoir de M. Cordier, Inspecteur divisionnaire, Directeur des ponts-et-chaussées du Nord, l'hommage d'un ouvrage sur le canal de Roubaix et sur le port de Dunkerque.

La population, qui était accourue de toutes parts pendant la cérémonie, a fait éclater au départ du Roi ses transports d'amour et a suivi long-temps ses pas.

Le canal de Roubaix, voté par le pays, approuvé par une loi, concédé à perpétuité par adjudication publique à une compagnie exécutant à ses frais et périls, réunit dans la partie française de cinq lieues d'étendue, les divers accidens, les difficultés, les avantages des plus longs canaux.

Les projets comprennent un souterrain voûté de 1500 mètres de long; des tranchées de la même longueur et de 20 à 50 pieds de profondeur; des machines à vapeur pour épuiser le souterrain, élever les déblais, descendre les matériaux, alimenter le biez pendant un ou deux mois; enfin des écluses à fonder dans une vase profonde.

Le canal de 6 à 10 mètres de largeur dans le fond, de 2 à 2.^{m} 50 de tirant-d'eau, destiné aux grands bateaux de l'Escaut portant 180 tonneaux, doit servir à réunir les canaux principaux de la France et de la Belgique, à donner une bonne navigation et des eaux salubres à la ville de Roubaix, appelée à une haute prospérité. Il contribuera à augmenter les richesses de 200 mille habitans agglomérés à 5 lieues du canal, population plus nombreuse que celle des bords de tout le canal de Languedoc à la même distance.

M. Becquey, en visitant la ligne des travaux qui sont conduits avec autant d'activité que d'habileté par M. Cuel, Ingénieur de première classe, témoigna sa satisfaction, en disant aux Ingénieurs que toutes les dispositions lui paraissaient si bien prises qu'il considérait le canal de Roubaix comme achevé.

Rentré en ville par la porte de Saint-André, le Roi se rendit à l'Hôtel des Monnaies où il trouva réunis MM. Ph. de Rouvroy, commissaire du Roi, A. Beaussier, Directeur de la fabrication, Rey Duboissieu, Contrôleur du monnayage et L. Decroix, Caissier. A la descente de sa voiture, le Commissaire du Roi a eu l'honneur de lui adresser la parole en ces termes :

« SIRE,

» La présence de Votre Majesté dans
» son Hôtel des Monnaies de Lille, l'un
» des plus importans de son Royaume,
» met le comble à notre félicité.

» Honorés des nobles fonctions de re-
» tracer et de perpétuer l'image chérie du
» meilleur des Rois, quelle faveur peut
» égaler pour nous celle d'en contempler
» l'auguste modèle.

» Puisse son règne, puissent ses vertus
» faire long-temps encore le bonheur des
» Français et éterniser dans tous les cœurs
» le nom d'un Père, d'un Monarque adoré.

» Vive le Roi! vivent à jamais les des-
» cendans de Charles le bien-aimé. »

Sa Majesté a bien voulu parcourir les ateliers de fabrication qui étaient en grande activité. Elle a daigné s'arrêter dans les diverses salles, accompagnée de M. le Directeur qui a eu l'honneur de l'entretenir des divers procédés relatifs à la fabrication, et s'est rendue ensuite dans la salle du monnayage où elle a vu frapper en sa présence une médaille en or qui lui a été offerte par le Commissaire du Roi, lequel en a également présenté une à Mgr. le Dauphin.

Cette médaille porte d'un côté l'effigie de Sa Majesté et au revers cette légende :

SA MAJESTÉ CHARLES X
VISITE SA MONNAIE DE LILLE
LE 8 SEPTEMBRE 1827.

Après avoir considéré quelques instans la frappe des médailles et des pièces de monnaies aux autres balanciers, Sa Majesté est remontée en voiture ainsi que sa suite qui se composait de Son Exc. le Ministre de la guerre, des grands Officiers de sa maison et de M. le Préfet du département. Elle a bien voulu adresser, en se retirant, aux Fonctionnaires de cet Hôtel des paroles pleines de bienveillance et de bonté, et les a laissés pénétrés de reconnaissance pour une aussi auguste visite.

Le Roi, de retour au palais, a daigné comme la veille admettre au banquet royal les principaux Fonctionnaires. Sa Majesté avait à sa droite S. A. R. le Prince d'Orange, Mgr. le Dauphin à sa gauche,

Madame la Comtesse de Murat, seule Dame invitée, était à la gauche de S. A. R. M. le Duc de Blacas placé en face de Sa Majesté avait à sa droite M. le Baron Fagel, Ministre des Pays-Bas, et M. le Préfet à sa gauche. Le Roi et les Princes furent très-gais pendant tout le repas et parurent considérer avec plaisir la foule qui ne cessait de circuler dans une partie de la salle.

Après son dîner, le Roi partit pour assister au spectacle où l'attendait avec la plus vive impatience une réunion nombreuse et choisie (1). Il fut reçu sur le perron par MM. le Maire, les Adjoints, les Membres du Conseil municipal et la Commission de la fête. Il est impossible de décrire les transports et acclamations qu'excita la présence du Monarque.

Les acteurs ordinaires jouèrent les deux premiers actes de l'opéra de *la Dame*

---

(1) Des billets d'invitation avaient été délivrés à cet effet par les soins de la commission.

Blanche, suivis du *Tableau Parlant*, opéra dans lequel le rôle de Colombine fut joué par Madame Lemonnier, venue exprès pour cette réprésentation. Entre les deux pièces, M. Adrien, Artiste du théâtre de Lille, chanta la cantate suivante, dont les paroles sont de M. Clausson et la musique de M. Plantade, Maître de la Chapelle du Roi, Membre honoraire de l'Académie Royale de Musique de Lille, etc.

CHOEUR.

Lillois, livrons nos cœurs à la plus douce ivresse
A nos vœux les plus chers le Ciel enfin sourit.
Que dans nos murs éclate l'allégresse
    Voici le Roi que la France chérit.

    Ces murs célèbres dans l'histoire
De ses ayeux attestent les exploits;
Et devenus Français par la victoire,
Soyons toujours fidèles à nos Rois.

CHOEUR.

    Lillois, livrons nos cœurs, etc.

Si pour foudroyer l'anarchie
On fit long-temps des efforts superflus,
C'est qu'il manquait pour sauver la patrie
Un Fils de France, un bon Français de plus.

CHOEUR.

Lillois, livrons nos cœurs, etc.

Sans le secours de la fortune
Par ses vertus et par sa piété,
Par sa constance au sein de l'infortune
Il a des droits à l'immortalité.

CHOEUR.

Lillois, livrons nos cœurs, etc.

Aux champs de l'antique Ibérie
De Charle on vit l'héroïque héritier,
De Ferdinand restaurer la patrie
Ceindre à la fois l'olive et le laurier.

CHOEUR.

Lillois, livrons etc.

Sa Majesté, après une journée aussi fatigante, pour elle, voulut bien demeurer jusqu'à la fin de la représentation, et combler ainsi les vœux de tous les spectateurs qui surent apprécier une faveur aussi grande.

De retour au palais, le Roi permit que le feu d'artifice fut tiré, et là encore, il put, en considérant la foule immense qui se pressait autour de son pavillon, recueillir l'expression sincère et générale de l'amour de son peuple.

Quoiqu'il fut plus de minuit avant que Sa Majesté pût rentrer dans ses appartemens, elle était levée le lendemain avant six heures pour assister à la messe qui devait précéder son départ. Ceux qui n'ont pas vu le Roi auront peine à concevoir la possibilité de supporter à la fois, les fatigues d'un long voyage, celles que l'étiquette impose et celles que le cœur prescrit dans une foule de démarches, toutes dans l'intérêt du peuple. Jamais on ne s'acquitta d'une tâche aussi physiquement pénible avec autant d'aisance, de grâce et de majesté.

Le Roi se rendit à la messe avec peu de suite comme la veille et dit en sortant, à M. le Doyen de Saint-André : « M. le » Curé, je vous remercie beaucoup ; vous » avez paru souffrir pendant la messe. » M. le Doyen qui, en effet, se trouvait indisposé depuis quelque tems, répondit : « Heureux, Sire, d'avoir pu, dans mes » vieux jours, servir Votre Majesté. »

Après la messe le Roi n'est pas rentré au palais ; mais il est monté aussitôt dans une calèche découverte et s'est mis en route pour Saint-Omer.

Dès six heures et demie, la Garde d'honneur et la garnison formaient la haie dans la rue Royale, tandis qu'un détachement de la Garde nationale, commandé par M. Castain, accompagnait M. le Maire hors de la ville.

Le Roi s'est arrêté quelques instans à la

porte de la Barre pour rendre à M. le Comte de Muyssart les clefs de la ville en lui adressant des paroles pleines de bonté.

« Je conserverai long-temps, a dit Sa » Majesté, le souvenir de mon séjour à »' Lille et je vous prie de faire connaître » aux habitans combien je suis satisfait de » l'accueil que j'ai reçu dans votre bonne » ville. »

Et nous aussi nous conserverons de ce séjour un souvenir ineffaçable. Si l'ivresse d'un peuple, heureux de contempler les traits de son Roi, a dû plaire au cœur de ce Monarque bien-aimé, nous ne pourrons à notre tour oublier ces marques précieuses de bienveillance et de bonté qui ont accompagné tous les pas du Roi, et qui ont électrisé une population dont il s'est montré le père.

VIVE LE ROI!

EXPOSITION

DES PRODUITS DE L'INDUSTRIE

DE LA VILLE

ET DE L'ARRONDISSEMENT DE LILLE,

À L'OCCASION

Du Séjour de Sa Majesté Charles X.

7 Septembre 1827.

L'AN mil huit cent vingt-sept, le vingt-six du mois de Septembre, la Commission nommée par M. le Maire, pour juger du mérite des divers objets envoyés à l'exposition des produits de l'industrie de la ville et de l'arrondissement de Lille, qui a eu lieu à l'occasion du séjour du Roi en cette ville, s'étant réunie sous la présidence de M. Valery-Camille DE RENTY, Adjoint à la Mairie, a pris les décisions suivantes :

1.º En exécution de l'arrêté de M. le Maire, du 25 du mois d'Août dernier, il sera décerné des médailles d'argent à MM. les Fabricans et Manufacturiers dont les produits auront été jugés les plus remarquables.

2.° Des médailles de bronze seront distribuées à tous les exposans, en mémoire de la visite dont le Roi a honoré les salons d'exposition, et comme un témoignage de la satisfaction de l'Administration, pour l'empressement qu'ils ont mis à répondre à son appel. Seront exceptés de cette distribution les exposans auxquels il sera accordé des médailles d'argent.

3.° MM. les Membres de la Commission qui ont exposé les produits de leur industrie se sont mis hors de concours en raison de leurs fonctions.

Après avoir entendu les rapports des Commissions spéciales choisies dans son sein pour examiner les produits des différentes branches d'industrie, partagées en trois divisions, elle déclare que MM. les Fabricans et Manufacturiers ci-après dénommés ont mérité la médaille d'argent.

PREMIÈRE DIVISION.

Filature de coton, de laine; de laine et coton.

MM. *Auguste Mille*, à Lille, qui a obtenu une médaille d'or à l'exposition de Paris en 1819.

V.e *Defrenne* fils, à Roubaix, qui a obtenu une médaille d'or à l'exposition de Paris en 1823.

V.e *Barrois* et fils, à Lille.

V.e *Roussel-Picquart*, à Lille.

Vantroyen-Cuvelier, à Lille.

Pour perfectionnement de la filature de coton, dont les produits journaliers d'une fabrication courante réunissent la netteté, la régularité et la force jusques dans les numéros les plus élevés.

MM. *Dehez-Liénard*, à Wazemmes, pour perfectionnement de la filature de laine et coton.

Auguste Libert et C.ⁱᵉ, à Tourcoing, pour perfectionnement de la filature et de la teinture de la laine.

La Fabrique de Marcq-en-Barœul, pour préparation et filature de la laine.

DEUXIÈME DIVISION.

Lin filé, soit à la main, soit à la mécanique.

MM. *Fauchille-Delannoy*, à Lille, pour la perfection du tordage du lin filé à la main et son extrême finesse.

Ed. Delecroix, à Lille, pour la filature et le tordage du lin à la mécanique, pour la beauté des couleurs, pour le peignage du lin.

TROISIÈME DIVISION.

Tissus de pur coton, de laine et coton, de coton et soie; Tissus façon poil de chèvre et Linge de table.

MM. *Wibbaux-Florin*, à Roubaix.
    Cuvru-Desurmont, id.
    Bayart-Lefebvre, id.
    Lefebvre-Horrent, id.
    Jean-Casse, id.
    L. Desurmont fils, à Tourcoing.
    Callens, id.
    Debuchy, id.
    Joseph Defrenne, à Lille.

Pour la supériorité de leurs produits dans les différens genres de tissus dits de la fabrique de Roubaix.

MM. *Charvet-Barrois*, à Lille, pour la supériorité de ses produits en linge de table, fabrique d'Armentières.

J. Ratel, à Wazemmes, pour perfectionnement notable dans la fabrication du linge de table damassé et des couvertures en coton.

La commission s'étant ensuite occupée de l'examen des divers produits qui ne sont point compris dans les trois divisions ci-dessus, déclare que MM. les exposans dont les noms suivent ont aussi mérité la médaille d'argent.

MM. *Duquennoy-Delepoulle*, à Tourcoing, pour la beauté de ses tapis fabriqués d'après un procédé importé de l'étranger.

Hopkin, à Lille, pour tulles à la mécanique, d'après un procédé importé de l'étranger.

Th. Lefebure et Cie, à Wazemmes, pour fabrication de blanc de céruse, d'après un procédé étranger.

Godefroy de Villers, à Lille, pour une machine à filer le lin.

Vantroyen de Rabanon, à Lille, pour une machine à filer le lin par un procédé différent.

Esthn et Villette, à Lille, pour la construction de machines à fabriquer les cardes.

Godfernaux, à Lille, pour la construction d'un banc à broches propre à la filature du coton.

Clampanain-Dupont, à Lille, pour une parure en brillans, montée à Lille.

Wattelaer-Wattrelot à Lille, pour construction de machines propres à la filature du coton.

Kuhlmann, à Lille, pour produits chimiques.

Claret, à Lille, pour une machine hydraulique propre à faire monter l'eau par un double mouvement d'ascension.

Spineux frères, à Lille, pour fabrication de colle forte par un procédé étranger.

Lefebvre, à Lille, pour objets d'ébénisterie en bois indigène.

Larrivière, à Lille, pour perfectionnement de la reliure des livres.

W. Bennett, à Lille, pour perfectionnement de la sellerie.

Carette, à Lille, pour lampe perfectionnée au moyen de nouveaux réflecteurs donnant plus d'extension à la lumière.

Il est fait mention que MM. *Charvet-Defrenne*, *Dathis-Brame*, *de Grimonpont-Vernier*, *Dejaeghère frères*, *André Charvet et Fevez*, *L. Faure*, *Urbain Lethierry*, *Scrive et Vanhoenacker-Luiset*, qui ont envoyé leurs produits à l'exposition, n'ont point concouru pour les médailles, attendu qu'ils sont Membres de la Commission.

Comme il est admis en principe que MM. les Fabricans et Manufacturiers ne peuvent concourir plusieurs fois pour la même médaille, la Commission décide qu'il sera fait rappel, dans le présent procès-verbal, des médailles précédemment obtenues à Lille, par plusieurs des exposans, *qui ont soutenu la perfection et la supériorité de leurs produits.*

Médailles d'argent décernées à l'exposition de 1822,

A MM. *Pedro Cuvelier*, *Bonnel* et *Dubus*, à Lille, pour teinture de fil de lin, de coton et laine, en rouge d'Andrinople.

Houtteville, à Lille, pour pianos perfectionnés.

Médailles d'argent de première classe décernées à l'exposition de 1825,

A MM. *Steverlynck*, à Lille, pour la fabrication du bleu d'azur, dit bleu de Prusse, d'après un procédé importé de l'étranger.

Taylor, à Lille, pour ouvrages en fer de fonte.

Médailles d'argent décernées à l'exposition de 1825,

A Mme *Lamotte* et Ve *Seynave*, à Wazemmes, pour fabrication de tapis vernissés.

Ainsi fait et délibéré en séance, les jour, mois et an susdits.

Signés VALERY DE RENTY, Adjoint; CHARVET-DEFRENNE, L. FAURE, DEGRIMONPONT-VERNIER, DATHIS-PETERINCK, DEJAEGHÈRE, FEVEZ-BULLY, URBAIN LETHIERRY, ALAVOINE, SCRIVE, VANHOENACKER-LUISET, DESMAZIÈRES-BEAUSSIER et HOUZÉ DE L'AULNOIT.

www.ingramcontent.com/pod-product-compliance
Lightning Source LLC
Chambersburg PA
CBHW070310100426
42743CB00011B/2424